# Antipasti - Salat

4 Port.

W0057652

## Zutaten:

| | | | | |
|---|---|---|---|---|
| 500 g | gemischtes Gemüse, (z.B. Paprika, Zucchini, Champignons, Frühlingszwiebel usw.) | 25 g | Olivenöl |
| 1 | Knoblauchzehe | 35 g | Balsamico Bianco |
| 1 Bd. | Rucola | etwas | Salz & Pfeffer |
| | | 150 g | Cocktailtomaten |

## Zubereitung:

1. Gemüse in Stücke schneiden und in den Varoma geben.
   750 g Wasser in den Mixtopf füllen. Mixtopf verschließen, Varoma aufsetzen und das Ganze **20 Min./Varoma/Stufe 1** garen.
2. Nach Garzeitende Mixtopf leeren und Gemüse in eine Schüssel füllen. Mixtopf spülen.
3. Knoblauch und ½ Bd. Rucola im Mixtopf **5 Sek./Stufe 8** zerkleinern. Olivenöl, Balsamico, Salz und Pfeffer zugeben und **3 Sek./Stufe 4** mischen. Dressing über den Salat geben.
4. Cocktailtomaten halbieren, restlichen Rucola putzen. Beides zugeben und gut durchmischen.

*Pro Portion (216 g):*
*95 Kcal | 4 g KH | 4 g EW | 7 g Fett*

# Eisbergsalat Allgäuer Art

4 Port.

## Zutaten:

| | |
|---:|:---|
| 1 | Knoblauchzehe |
| 100 g | Radieschen, halbiert (kleine ganz lassen) |
| 200 g | Allgäuer Käse, in Stücken |
| 60 g | Gewürzgurken (Chornichons) |
| ½ Kopf | Eisbergsalat, in Streifen geschnitten |

## Zutaten Dressing:

| | |
|---:|:---|
| 30 g | Naturjoghurt, 3,5% |
| 30 g | Saure Sahne |
| 10 g | Öl |
| 20 g | Zitronensaft |
| 1 TL | Salz |
| ½ TL | Pfeffer |
| 1 Prise | Zucker |

## Zubereitung:

1. Knoblauch in den Mixtopf geben **5 Sek./Stufe 5** hacken.
2. Radieschen, Käse und Gewürzgurken zugeben und **6-7 Sek./Stufe 5** zerkleinern.
3. Das Käsegemisch zusammen mit dem Salat in eine große Schüssel geben.
4. Zutaten für das Dressing im Mixtopf **20 Sek./Stufe 4** vermengen.
   Über den Salat geben, gut durchmischen und sofort servieren.

*Pro Portion (164 g):*
*247 Kcal | 4 g KH | 16 g EW | 19 g Fett*

# Nudelsalat Sommerbrise

6 Port.

## Zutaten:

| | |
|---:|:---|
| 250 g | Nudeln (z.B. Spiralnudeln) |
| ½ | Salatgurke |
| 3-4 | Frühlingszwiebel |
| 1 kl. Dose | Mais (Abtr.gew. 140 g) |
| 200 g | Fetakäse |

## Zutaten Dressing:

| | |
|---:|:---|
| 1 Bd. | Dill (ohne Stiele) |
| 250 g | Naturjoghurt, 1,5% |
| 35 g | Sahne |
| 1 TL | Honig |
| 40 g | Weißweinessig |
| 30 g | Zitronensaft |
| ½ TL | Salz |
| ¼ TL | frisch gem. Pfeffer |

## Zubereitung:

1. Nudeln nach Packungsanweisung in reichlich Salzwasser bissfest garen.
   Mit kaltem Wasser abschrecken, gut abtropfen lassen und in eine Schüssel füllen.
   Gurke mit Schale in Würfel schneiden. Frühlingszwiebel in Ringe schneiden.
   Mais gut abtropfen lassen. Fetakäse mit den Händen zerbröseln und alles zu
   den Nudeln geben.
2. Dill im Mixtopf **15 Sek./Stufe 8** hacken.
3. Restliche Zutaten für das Dressing zugeben, **20 Sek./Stufe 4** vermengen.
   Über den Salat geben, gut durchmischen und etwas ziehen lassen.

*Pro Portion (281 g):*
*296 Kcal | 37 g KH | 14 g EW | 10 g Fett*

# Nudelsalat mit Currydressing

4 Port.

## Zutaten:

| | |
|---:|---|
| 250 g | Nudeln (z.B. Spiralnudeln) |
| 1 kl. Dose | Erbsen & Möhrchen |
| | (Abtr.gew. 130 g) |
| 1 kl. Dose | Ananasstücke |
| | (Abtr.gew. 140 g) |

## Zutaten Dressing:

| | |
|---:|---|
| 50 g | Naturjoghurt, 3,5% |
| 40 g | Mayonnaise |
| 20 g | Essig |
| 1 EL | Tomatenketchup |
| 1 TL | Curry |
| etwas | Salz & Pfeffer |

## Zubereitung:

1. Nudeln nach Packungsanweisung in reichlich Salzwasser bissfest garen. Mit kaltem Wasser abschrecken, gut abtropfen lassen und in eine Schüssel füllen.
2. Erbsen & Möhrchen, sowie Ananasstücke gut abtropfen lassen und zu den Nudeln geben.
3. Zutaten für das Dressing im Mixtopf **20 Sek./Stufe 4** verrühren und über den Salat geben.

**Tipp**

Hier können Sie noch 2 gekochte Eier, in Scheiben geschnitten, darunter mischen. Am besten 1-2 Std. ziehen lassen.

*Pro Portion (287 g):*
*360 Kcal | 56 g KH | 10 g EW | 10 g Fett*

# Mexicosalat

8 Port.

## Zutaten:

| | | | |
|---|---|---|---|
| 2 Dosen | Mais (Abtr.gew. je 285 g) | 50 g | Öl |
| 1 Dose | Kidneybohnen (Abtr.gew. 530 g) | 2-3 Spr. | Tabasco |
| 200 g | Fetakäse | 20 g | Tomatenmark |
| 1 Bd. | Petersilie | 20 g | Essig |
| 1 | Knoblauchzehe | 1 EL | Gewürzketchup |
| 2 | Zwiebeln, halbiert | ½ TL | Salz |
| | | ½ TL | Paprikapulver, rosenscharf |

## Zubereitung:

1. Mais und Bohnen gut abtropfen lassen und in eine Schale geben. Feta mit den Händen zerbröseln und zum Bohnen-Mais-Gemisch geben.
2. Petersilie, Knoblauch und Zwiebel in den Mixtopf geben und **3 Sek./Stufe 6** zerkleinern.
3. Restliche Zutaten zugeben und **4 Min./100°C/Stufe 2** aufkochen. Sauce über den Salat geben und gut vermengen.

*Pro Portion (190 g):*
*221 Kcal | 15 g KH | 10 g EW | 13 g Fett*

# Gefülltes Baguette

**Zutaten:**

*Tipp: Das Baguette können Sie bereits 1 Tag zuvor füllen und im Kühlschrank aufbewahren.*

4 Port.

| | |
|---|---|
| 1 | großes Baguette |
| 1 | Knoblauchzehe |
| 1 TL | rote Pfefferkörner |
| 1 | Frühlingszwiebel |
| 100 g | Butter |
| ½ TL | Salz |

## Zubereitung:

*Pro Portion (152 g):*
*486 Kcal | 62 g KH | 9 g EW | 23 g Fett*

1. Baguette in dünne Scheiben einschneiden, jedoch nicht ganz durchschneiden.
2. Knoblauch und Pfefferkörner im Mixtopf **10 Sek./Stufe 8** zerkleinern.
3. Thermomix nochmal auf **Stufe 8** laufen lassen und die Frühlingszwiebel (ganz) oben durch die Deckelöffnung zugeben.
4. Butter und Salz in den Mixtopf hinzufügen und **20 Sek./Stufe 4-5** vermengen.
5. Buttermasse zwischen den Baguettescheiben verteilen. Baguette in Alufolie einwickeln und bei 200°C (Umluft: 180°C) im Ofen ca. 10-15 Min. backen.

# Kräuter-Knoblauch-Panini

20 Stück

**Zutaten:**

| | |
|---|---|
| 2 | Knoblauchzehen |
| 1 Handvoll | Kräuter |
| ½ Würfel | Hefe |
| 100 g | Milch |
| 1 TL | Salz |
| 20 g | Butter |
| 100 g | Wasser |
| 400 g | Mehl |

## Zubereitung:

*Pro Stück (33 g):*
*80 Kcal | 15 g KH | 2 g EW | 1 g Fett*

1. Knoblauch und Kräuter im Mixtopf **5 Sek./Stufe 7** zerkleinern.
2. Hefe, Milch, Salz, Butter und Wasser **2 Min./37°C/Stufe 2** erwärmen.
3. Mehl zugeben und **1 Min./Teigstufe** kneten.
4. Aus dem Teig kleine Bällchen formen und ca. 20-30 Min. gehen lassen. Im vorgeheizten Backofen bei 200°C (Ober-/Unterhitze) ca. 15-18 Min. backen.

# Country-Kartoffeln

4 Port.

## Zutaten:

| | |
|---|---|
| 600-700 g | Kartoffeln |
| 1 | Knoblauchzehe |
| 1 TL | Paprikapulver, scharf |
| 1 TL | Paprikapulver, edelsüß |
| 20 g | Öl |

## Zubereitung:

*Pro Portion (182 g):*
*168 Kcal | 25 g KH | 4 g EW | 5 g Fett*

1. Kartoffeln gut waschen und ggf.
   mit einer Gemüsebürste abbürsten.
   Der Länge nach halbieren und in eine Schüssel geben.
2. Knoblauch im Mixtopf **5 Sek./Stufe 5** hacken.
3. Restliche Zutaten zugeben und **10 Sek./Stufe 3** verrühren.
4. Marinade über die Kartoffeln gießen und gut vermengen. Kartoffeln nun auf
   ein mit Backpapier belegtes Backblech geben und im vorgeheizten Backofen
   bei 200°C (Umluft: 180°C) ca. 25-30 Min. garen.

# Kräuter-Rahm-Kartoffeln

4 Port.

## Zutaten:

| | |
|---|---|
| 600-700 g | Kartoffeln |
| 1 gr. Handvoll | gemischte Kräuter nach Wahl, z.B. Basilikum, Petersilie, Oregano, Thymian usw. |
| 2 | Knoblauchzehen |
| 200 g | Sahne |

## Zubereitung:

*Pro Port. (231 g):*
*268 Kcal | 27 g KH | 5 g EW | 15 g Fett*

1. Kartoffeln gut waschen und ggf. mit einer Gemüsebürste abbürsten.
   Der Länge nach halbieren und in eine Auflaufform geben.
2. Kräuter und Knoblauch in den Mixtopf geben und **10 Sek./Stufe 8** hacken.
3. Sahne zugeben und **10 Sek./Stufe 6** mixen.
4. Kräutersahne über die Kartoffeln gießen und im vorgeheizten Backofen
   bei 200°C (Umluft: 180°C) ca. 25-30 Min. garen.

# Zucchini-Schafskäse mit Thymian

2 Port.
(2 Pack.)

**Zutaten:**

| | |
|---|---|
| 1 | Zucchini |
| 4 Zweige | Thymian |
| 3 EL | Ahornsirup |
| 25 g | Olivenöl |
| etwas | Pfeffer, frisch gem. |
| 2 P. | Schafskäse (á 200 g) |

**Zubereitung:**

*Pro Portion:*
*668 Kcal | 18 g KH | 36 g EW | 51 g Fett*

1.  Zucchini der Länge nach in dünne Scheiben hobeln. (Ggf. auch mit der Brotmaschine).
2.  Thymian in den Mixtopf geben und **4-5 Sek./Turbo** zerkleinern. Ahornsirup, Olivenöl und Pfeffer zugeben und **10 Sek./Stufe 3-4** mischen.
3.  Die Hälfte der Zucchinistreifen fächerartig übereinander legen. 1 Fetakäse darauf setzen und die Hälfte der Thymianmischung darauf verteilen. Zucchistreifen hochklappen, sodass der Käse eingehüllt ist. Anschließend in Alufolie einpacken. Mit dem 2. Fetakäse genauso verfahren.
4.  Käse samt Folie im vorgeheizten Backofen bei 200°C (Umluft: 180°C) ca. 20-25 Min. backen.

# Ofengemüse mit Tomatenmarinade

4 Port.

**Zutaten:**

| | |
|---|---|
| 1 Handvoll | gemischte Kräuter |
| 2 | Knoblauchzehen |
| 5 | getrocknete Tomaten |
| 60 g | Olivenöl |
| etwas | Salz & Pfeffer |
| | Ca. 1 kg Gemüse, (z.B. Champignons, Zucchini, Paprika, Kartoffeln) |

**Zubereitung:**

*Pro Portion (285 g):*
*244 Kcal | 16 g KH | 5 g EW | 17 g Fett*

1.  Knoblauchzehen und Tomaten in den Mixtopf geben und **10 Sek./Stufe 9** zerkleinern. Mit dem Spatel nach unten Richtung Topfboden schieben.
2.  Öl, Salz und Pfeffer zugeben und **20 Sek./Stufe 4** vermengen.
3.  Gemüse klein schneiden, mit der Marinade vermengen und auf ein Backblech geben. Im vorgeheizten Backofen bei 200°C (Umluft: 180°C) ca. 25 Min. backen.

# Gegrillte Käsepaprika

10 Stück

## Zutaten:

| | |
|---|---|
| 2 P. | kleine Snackpaprika (á 200 g) |
| 500 g | Wasser |
| 150 g | Käse (Old Amsterdam o. Cheddar) |
| 1 Handvoll | gemischte Kräuter |
| 150 g | Frischkäse |
| 30 g | Milch |
| etwas | Salz & Pfeffer |

## Zubereitung:

*Pro Stück (75 g):*
*122 Kcal | 2 g KH | 6 g EW | 10 g Fett*

1. Snackpaprika waschen und ganz in den Varoma geben. Wasser in den Mixtopf füllen, verschließen, Varoma aufsetzen und **15 Min./Varoma/Stufe 1** garen.
2. Mixtopf leeren und trocknen. Käse und Kräuter **15 Sek./Stufe 6** zerkleinern.
3. Frischkäse, Milch und Gewürze zugeben und **20 Sek./Stufe 4** cremig rühren.
4. Den Deckel der Paprika aufschneiden (jedoch nicht durchschneiden) und Kerne entfernen. Creme mit Hilfe eines Spritzbeutels in die Paprika spritzen, Deckel wieder zuklappen und mit einem Holzspieß fixieren.
5. Auf dem Grill solange grillen, bis sich die Haut bräunlich färbt.

# Rosmarinfladen vom Grill

8 Stück

## Zutaten:

| | |
|---|---|
| 170 g | Dinkelkörner |
| 2 Zweige | Rosmarin (die Nadeln davon) |
| 170 g | Dinkelmehl, Type 630 |
| 20 g | Olivenöl |
| 170 g | Wasser |
| ½ | Würfel Hefe |
| ½ TL | Salz |

## Zubereitung:

*Pro Portion (71 g):*
*168 Kcal | 27 g KH | 7 g EW | 4 g Fett*

1. Dinkelkörner und Rosmarinnadeln in den Mixtopf geben und **1 Min./Stufe 10** mahlen. Restliche Zutaten zugeben und **1 Min./Teigstufe** kneten.
2. Aus dem Teig kleine dünne Fladen formen und von jeder Seite ca. 4-5 Min. grillen. Achtung! Grill sollte nicht zu heiß sein.

# Speckzwiebel vom Grill

3 Port.

## Zutaten:

| | |
|---|---|
| 3 große | Gemüsezwiebeln |
| 6 Blätter | Bärlauch, halbiert (altern. 1 handvoll Petersilie) |
| 75 g | Speckwürfelchen |
| 100 g | Frischkäse |
| ½ | Kaiserbrötchen, in kleine Würfel geschnitten |
| ¼ TL | Pfeffer |
| 1 Prise | Salz |
| 2 P. | Schwarzwälder Schinken (á 80 g) |

*Pro Portion (332 g):*
*557 Kcal | 17 g KH |*
*19 g EW | 46 g Fett*

## Zubereitung:

1. Die Zwiebeln schälen und oben und unten ein Stück abschneiden, damit die Zwiebel steht. Dann das Innere mit einem scharfen Messer vorsichtig heraustrennen, sodass die äußersten 2-3 Ringe stehen bleiben. Das Innere beiseite legen.
2. Bärlauchblätter im Mixtopf **5 Sek./Stufe 8** hacken.
3. 120 g Zwiebelinneres zugeben und **5 Sek./Stufe 5** zerkleinern.
4. Speckwürfelchen, Frischkäse, Brötchenwürfel, Salz und Pfeffer zugeben und **5 Sek./Stufe 3** vermischen.
5. Nun 2 Scheiben Speck übereinanderlegen (wie ein Kreuz) und eine Zwiebel daraufsetzen. Etwas Masse einfüllen, sodass die Zwiebel gut gefüllt ist und anschließend mit Speck einwickeln.
6. Zwiebel bei nicht all zu großer Hitze von jeder Seite grillen, bis sie weich wird.

# Balsamico-Pilze

4 Port.

## Zutaten:

| | |
|---|---|
| 1 Bd. | Petersilie |
| 200 g | weiße Champignons |
| 200 g | braune Champignons |
| 40 g | Olivenöl |
| 20 g | Balsamicoessig, dunkel |
| 2 EL | Honig |
| etwas | Salz und Pfeffer |

## Zubereitung:

1. Petersilie im Mixtopf **5 Sek./Stufe 8** hacken. Öl, Essig, Honig, Salz und Pfeffer zugeben und **10 Sek./Stufe 3** vermengen.
2. Pilze vierteln und in den Mixtopf geben. **3 Sek./ ⟳/Stufe 3** vermengen.
3. Pilze in einer Aluschale ca. 15-20 Min. grillen.

*Pro Portion (131 g):*
*138 Kcal | 9 g KH | 3 g EW | 10 g Fett*

# Türkische Hacksteaks

8 Stück

## Zutaten:

| | |
|---|---|
| 2 | Schalotten, halbiert |
| 3 | Knoblauchzehen |
| 1 Zweig | Minze |
| 1 | Ei |
| 450 g | Rinderhack (oder Lammhack) |
| 1 TL | Kreuzkümmel, gem. |
| 1 TL | Zimt |
| ½ TL | Salz |
| ¼ TL | Pfeffer |

*Pro Stück (66 g):*
*132 Kcal | 1 g KH | 16 g EW | 7 g Fett*

## Zubereitung:

1. Schalotten, Knoblauch und Minze im Mixtopf **5 Sek./Stufe 8** zerkleinern.
2. Restliche Zutaten zugeben und **1 Min./Teigstufe** vermengen.
3. Aus der Masse 8 kleine Fladen formen und unter mehrmaligem Wenden ca. 8-10 Min. grillen.

# Pikante Schnitzelröllchen
## mit 3erlei Füllungen

ergibt 4 Spieße (á 6 Röllchen)

## Zutaten:

 2   Schnitzel (Schwein o. Pute)
     ca. 280-300 g
 1 P.   Schwarzwälder Schinken (80 g)

## Zubereitung:

1. Gewünschte Füllung wie beschrieben herstellen.
2. Die Schweineschnitzel ganz dünn klopfen, mit der Paste bestreichen und von der langen Seite her aufrollen.
3. Die Schnitzelrolle mit Speck umwickeln und je in 12 Scheiben schneiden. Scheiben auf Metall- oder Holzspieße stecken und bis zum Grillen kühl stellen.
4. Die Spieße ca. 10-15 Min. grillen, dabei öfters wenden.

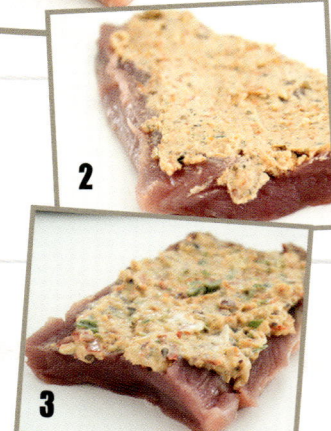

Für 4 Portionen „Schweinefleisch":
Pro Port: 186 Kcal | 0 g KH
27 g EW | 9 g Fett

Für 4 Portionen „Putenfleisch":
Pro Port: 157 Kcal | 0 g KH
22 g EW | 8 g Fett

## Zutaten Kräuter-Senf-Füllung:

| | |
|---|---|
| 25 g | Mandeln |
| 1 Handvoll | Rosmarinnadeln |
| 2 Zweige | Thymian |
| 15 g | Senf, mittelscharf |
| 20 g | Olivenöl |

*Für 4 Portionen*
*Pro Portion (17 g):*
*84 Kcal | 1 g KH | 1 g EW | 9 g Fett*

### Zubereitung:

1. Mandeln in einer Pfanne ohne Fett rösten, bis sie sich braun färben.
2. Mandeln mit den Kräutern in den Mixtopf geben und **10 Sek./Stufe 8** zerkleinern. Das Zerkleinerte mit dem Spatel nach unten Richtung Messer schieben.
3. Senf und Olivenöl zugeben und **10 Sek./Stufe 3** zu einer Paste verrühren.

## Zutaten Mediterrane Füllung:

| | |
|---|---|
| 1 | Knoblauchzehe |
| 20 g | Parmesan |
| 1 EL | Rosmarinnadeln |
| 1 EL | Kürbiskerne |
| 4 | getrocknete, in Öl eingelegte Tomaten |
| 40 g | Kräuterfrischkäse |

*Für 4 Portionen*
*Pro Portion (29 g):*
*80 Kcal | 2 g KH | 4 g EW | 7 g Fett*

### Zubereitung:

1. Knoblauch, Parmesan, Rosmarinnadeln und Kürbiskerne **10 Sek./Stufe 7** zerkleinern.
2. Getrocknete Tomaten zugeben und **3 Sek./Stufe 8** hacken.
3. Das Zerkleinerte mit dem Spatel nach unten Richtung Messer schieben.
4. Frischkäse zugeben und **10 Sek./Stufe 3** vermengen.

## Zutaten Peperoni Füllung:

| | |
|---|---|
| 2 rote | Peperoni, entkernt |
| ½ | rote Zwiebel |
| 1 | Frühlingszwiebel, in Stücken |
| 1 TL | Senf |
| 1 TL | Limettensaft |
| etwas | Pfeffer, frisch gem. |
| 40 g | Kräuterfrischkäse |

*Für 4 Portionen*
*Pro Portion (30 g):*
*33 Kcal | 2 g KH | 1 g EW | 3 g Fett*

### Zubereitung:

**3**

1. Peperoni, Zwiebel und Frühlingszwiebel im Mixtopf **10 Sek./Stufe 7** zerkleinern.
2. Das Zerkleinerte mit dem Spatel nach unten Richtung Messer schieben.
3. Restliche Zutaten zugeben und **10 Sek./Stufe 3** vermengen.

# Ananas-Putenspieße
## mit Curry Honig Marinade

ergibt 8 Spieße

## Zutaten:

|         |                              |
| ------: | ---------------------------- |
| 2       | Putenschnitzel               |
|         | (gesamt ca. 280-300 g)       |
| 1       | Zwiebel                      |
| 1 kl. Dose | Ananasringe (Abtr.gew. 140 g) |
| 1 rote  | Paprika                      |

## Zutaten Marinade:

|          |                      |
| -------: | -------------------- |
| 90 g     | Crème fraîche        |
| 1,5 EL   | BBQ-Sauce            |
| 1 ½ TL   | Curry                |
| 30 g     | Olivenöl             |
| 2 TL     | Honig                |
| ½ TL     | Salz                 |
| 1 ½ TL   | Paprikapulver, edelsüß |

## Zubereitung:

1. Putenschnitzel, Zwiebel, Ananas-ringe und Paprika in grobe Stücke schneiden und im Wechsel auf Holzspieße stecken.
2. Zutaten für die Marinade im Mix-topf **15 Sek./Stufe 3** vermengen.
3. Die Spieße mit der Marinade bestrei-chen und ca. 2 Std. ziehen lassen.
4. Auf dem Grill unter mehrmaligem Wenden ca. 8-10 Min. grillen.

*Pro Spieß (100 g):*
*120 Kcal | 8 g KH | 10 g EW | 5 g Fett*

# Schweinesteak Diavolo

**4 Port.**

## Zutaten:

| | |
|---|---|
| 4 | Schweinenacken-steaks (á ca. 200 g) |
| 1 | rote Zwiebel, halbiert |
| 20 g | Öl |
| 30 g | Ketchup |
| 20 g | Aprikosenkonfitüre |
| 20 g | Essig |
| etwas | Salz & Pfeffer |
| 6-10 Spritzer | Tabasco |

*Pro Portion (241 g):*
*584 Kcal | 6 g KH | 54 g EW | 39 g Fett*

## Zubereitung:

1. Zwiebel im Mixtopf **5 Sek./Stufe 5** zerkleinern. Öl hinzufügen und **TM31: 2 Min./Varoma/Stufe 1 (TM5: 3 Min./120°C/Stufe 1)** dünsten.
2. Ketchup, Aprikosenkonfitüre, Essig und Gewürze zugeben, **10 Sek./Stufe 3** vermengen.
3. Schweinenackensteaks mit etwas Salz und Pfeffer würzen und auf einem gut geölten Rost ca. 10 Min. grillen. (Dabei öfter wenden).
   Steaks noch heiß mit der Marinade bestreichen und etwas zum Servieren auf das Fleisch geben.

# Mariniertes Schweinefilet

**Sie benötigen ca. 400 g Filet am Stück**

**2 Port.**

## Zutaten:

| | |
|---|---|
| 1 | Peperoni, entkernt |
| 2 | Knoblauchzehen |
| 20 g | Olivenöl |
| 30 g | Crème fraîche |
| 50 g | Paprikamark |
| etwas | Salz & Pfeffer |

*Pro Portion (256 g):*
*387 Kcal | 4 g KH | 46 g EW | 21 g Fett*

## Zubereitung:

1. Peperoni und Knoblauch in den Mixtopf geben und **10 Sek./Stufe 8** hacken. Mit dem Spatel vom Topfrand nach unten Richtung Messer schieben. Restliche Zutaten zugeben und **10 Sek./Stufe 3-4** vermengen.
2. Schweinefilet ca. 4-5 Std. marinieren lassen und im Ganzen ca. 12-15 Min. grillen, dabei öfters wenden. Vor dem Servieren in Scheiben schneiden.

# Hähnchen - Koriander - Spieße

ergibt 6 Spieße

Vor dem Grillen

## Zutaten:

| | |
|---|---|
| 2 | Putenschnitzel á 150 g |
| 3 | Frühlingszwiebel |
| 3 | Limetten, geviertelt |
| 1 kl. | Zwiebel |

## Zutaten Marinade:

| | |
|---|---|
| 1 rote | Chilischote, entkernt |
| 1 | Knoblauchzehe |
| 1 Bd. | Koriander (altern. Petersilie) |
| 30 g | Öl |
| 2 EL | Limettensaft |
| ½ TL | Salz |
| 1 Msp. | Pfeffer |
| 50 g | passierte Tomaten |

## Zubereitung:

1. Putenschnitzel, Frühlingszwiebel, Limetten und Zwiebel in Stücke schneiden. Im Wechsel auf 6 Holzspieße stecken.
2. Für die Marinade Chilischote und Knoblauch **5 Sek./Stufe 5** zerkleinern. Koriander zugeben und **5 Sek./Stufe 8** hacken.
3. Restliche Zutaten zugeben und **20 Sek./Stufe 3-4** vermengen.
4. Die Spieße mit der Marinade bestreichen und ca. 2 Std. ziehen lassen.
5. Auf dem Grill unter mehrmaligem Wenden ca. 8-10 Min. grillen.

*Pro Spieß (111 g):*
*119 Kcal | 2 g KH | 13 g EW | 6 g Fett*

# Gefüllte Hähnchenbrust
## mit Mascarpone und Speck

ergibt 6 Portionen

Vor dem Grillen

## Zutaten:

|  |  |
|---:|:---|
| 10 | Basilikumblätter |
| 1 | Knoblauchzehe |
| 100 g | Mascarpone |
| 1 EL | Milch |
| ½ TL | Salz |
| 1 Pr. | Pfeffer |
| 6 kleine | Hähnchenbruststücke (gesamt ca. 800 g) |
| 2 P. | Schwarzwälder Schinken (á 80 g) |

## Zubereitung:

1. Basilikumblätter und Knoblauch in den Mixtopf geben und **10 Sek./Stufe 8** zerkleinern.
2. Mascarpone, Milch, Salz und Pfeffer zugeben und **10 Sek./Stufe 4** verrühren.
3. Jede Hähnchenbrust etwas einschneiden und mit ca. 1 EL Creme bestreichen. Zusammenklappen und mit 2-3 Scheiben Speck umwickeln.
4. Das Fleisch bei nicht all zu großer Hitze ca. 15 Min. grillen, dabei öfters wenden.

*Pro Portion (181 g):*
*374 Kcal | 1 g KH | 35 g EW | 26 g Fett*

# Jakobsmuscheln und Scampis am Spieß

Pro Portion (136 g):
199 Kcal | 7 g KH
13 g EW | 13 g Fett

2 Spieße

8 Spieße

Pro Portion (59 g):
84 Kcal | 1 g KH
11 g EW | 4 g Fett

## Zutaten:

| | |
|---|---|
| 200 g | Jakobsmuscheln |
| 400 g | Garnelen |
| 5 Blätter | Zitronenmelisse |
| ½ Bd. | Petersilie |
| ½ Bd. | Dill |
| 1 | Zwiebel, halbiert |
| 4 | Knoblauchzehen |
| 50 g | Olivenöl |
| 40 g | Zitronensaft |
| etwas | Salz & Pfeffer |

## Zubereitung:

1. Jakobsmuscheln und Garnelen auf Holzspieße stecken.
   Tipp: Falls Sie tiefgekühlte Jakobsmuscheln verwenden, diese ganz langsam auftauen lassen. Am Besten im Kühlschrank. Dananch mit einem Küchenkrepp gut trocken tupfen.
2. Kräuter in den Mixtopf geben und **15 Sek./Stufe 8** hacken. Zwiebel und Knoblauch zugeben **5 Sek./Stufe 5** zerkleinern. Restliche Zutaten zugeben und **20 Sek./Stufe 4-5** mixen.
3. Spieße mit der Marinade bestreichen und ca. 1-2 Std. marinieren lassen. Auf dem Grill solange grillen, bis sich die Muscheln und Garnelen leicht bräunlich färben.

# Thunfischsteak Mexico

6 Portionen

## Zutaten:

| | | | | |
|---|---|---|---|---|
| 6 | Thunfischsteaks (á ca. 175 g) | | 50 g | Tomatenketchup |
| 2 | Zwiebeln, halbiert | | 30 g | Senf, mittelscharf |
| 1 | Knoblauchzehe | | 30 g | brauner Zucker |
| 1 | rote Paprikaschote | | 1 EL | Honig, flüssig |
| 2 | Tomaten | | 1 EL | Cayennepfeffer |
| 2 EL | Öl | | 1 EL | Chilipulver |
| | | | 1 EL | Paprikapulver, rosenscharf |

## Zubereitung:

1. Zwiebel, Knoblauch, Paprika und Tomaten **5 Sek./Stufe 5** zerkleinern. Öl zugeben und **TM31: 2 Min./Varoma/Stufe 1 (TM5: 3 Min./120°C/Stufe 1)** dünsten.
2. Restliche Zutaten (außer dem Thunfisch) zugeben und **20 Sek./Stufe 8** pürieren.
3. Thunfischfilets in der Marinade ca. 2-3 Std. marinieren und anschließend ca. 8-10 Min. grillen. Dabei öfters wenden und hin und wieder mit der Marinade bestreichen.
4. Fisch mit restlicher Marinade servieren.

*Pro Portion (261 g):*
*482 Kcal | 12 g KH*
*39 g EW | 31 g Fett*

Seien Sie kreativ: Diese Marinade passt auch gut zu Schweinenackensteaks oder sonstigem Fleisch.
Hinweis: die Marinade riecht aufgrund der großen Menge Gewürze sehr intensiv! Jedoch ist die Kombination mit dem Fisch genau richtig.

# Pangasiusfilet-Päckchen

5 Portionen

## Zutaten:

| | | | |
|---|---|---|---|
| 4-5 | Pangasiusfilets (750 g) | 3 EL | Honig |
| 1 Bd. | Dill oder Petersilie | 40 g | Olivenöl |
| 2 | grüne Chilischoten | 1-2 Spr. | Zitronensaft |
| 250 g | Paprika (z.B. orange und gelb) | etwas | Salz & Pfeffer |
| 2 | Tomaten | | |
| 200 g | Fetakäse | | |

## Zubereitung:

1. Je 1 Fischfilet auf ein großes Stück Alufolie legen und mit Salz und Pfeffer würzen.
2. Dill und Chilischote im Mixtopf **3 Sek./Stufe 7** klein hacken.
3. Honig, Öl, Zitronensaft und etwas Salz & Pfeffer zugeben und **6 Sek./Stufe 4** mischen.
4. Paprika, Tomaten und Feta in Würfel schneiden und in den Mixtopf geben. Masse **2-3 Sek./Stufe 3** mischen und auf den Fischfilets verteilen.
5. Alufolie von den Seiten nach oben schlagen und verschließen. Die Fischpäckchen ca. 5-10 Min. grillen (je nach Fischdicke).

*Pro Portion (290 g):*
*331 Kcal | 12 g KH | 28 g EW | 19 g Fett*

# Lachs asiatisch mit Ingwer-Butter

4 Portionen

## Zutaten Lachs Asiatisch:

|       |                           |
|-------|---------------------------|
| 4     | Lachsfiletstücke (500 g)  |
| 1 TL  | Kreuzkümmel, gem.         |
| 10 g  | Fischsauce                |
| 30 g  | Öl                        |
| 1 TL  | rote Currypaste           |
| 2 EL  | Zitronensaft              |
| etwas | Salz & Pfeffer            |

## Zutaten Ingwer-Butter:

|        |                          |
|--------|--------------------------|
| 1 kl.  | Stück Ingwer, ca. 3 cm   |
| 1      | Bio-Limette              |
| 1 Spr. | Limettensaft             |
| 100 g  | Butter, weich            |
| etwas  | Salz & Pfeffer           |

## Zubereitung:

1. Alle Zutaten (außer dem Lachs) im Mixtopf **15 Sek./Stufe 3** vermengen. Marinade und Lachs in eine Schale geben und ca. 2-3 Stunden in Kühlschrank durchziehen lassen.
2. Lachsfilets ca. 8-10 Min. grillen, dabei öfters wenden und immer wieder mit der Marinade bestreichen.

## Zubereitung:

1. Ingwer im Mixtopf **5 Sek./Stufe 8** zerkleinern.
2. Bio-Limette heiß waschen und Schale fein abreiben. In den Mixtopf geben.
3. Limettensaft, Butter, Salz und Pfeffer zugeben und **20 Sek./Stufe 4** rühren.

*Pro Portion (175 g) inkl. Butter:*
*433 Kcal | 3 g KH | 24 g EW | 37 g Fett*

## So gehts:

Die jeweilige Buttermischung nach Rezeptanleitung herstellen.

Danach entweder in eine kleine Schale füllen oder daraus eine Rolle formen. Hierzu ein Stück Frischhaltefolie auf die Arbeitsfläche legen, Butter daraufgeben und einrollen. (Wie bei einem Bonbon). Ggf. ein paar Mal hin und her rollen wie bei einem Nudelholz. Somit erhalten Sie eine schöne Form.

Die Butter bis zum Grillen im Kühlschrank aufbewahren.

 Tipp: Verwenden Sie die Hälfte der Buttermischung sofort und frieren Sie die 2. Hälfte ein. Somit haben Sie immer etwas auf Vorrat.

Als fettarme Variante können Sie die Hälfte der Butter durch Frischkäse ersetzen.

# Paprikabutter

### (10 Port.)

### Zutaten:

| | |
|---|---|
| 1 | Knoblauchzehe |
| 1 Handvoll | gemischte Kräuter |
| 250 g | weiche Butter, in Stücken |
| 1 EL | Ajvar |
| 1 EL | Paprikamark |
| 1 TL | Paprikapulver, rosenscharf |
| etwas | Salz & Pfeffer |

### Zubereitung:

1. Knoblauch und Kräuter in den Mixtopf geben und **10 Sek./Stufe 6** zerkleinern.
2. Restliche Zutaten zugeben und **20 Sek./Stufe 4** vermengen.

*Pro Portion (30 g):*
*187 Kcal | 1 g KH*
*1 g EW | 21 g Fett*

# Chilibutter

## (8-9 Port.)

### Zutaten:

| | |
|---|---|
| 2 | Chilischoten, entkernt |
| 250 g | weiche Butter, in Stücken |
| 1 TL | Paprikapulver, edelsüß |
| etwas | Salz & Pfeffer |

### Zubereitung:

1. Chilischoten in den Mixtopf geben und **10 Sek./Stufe 6** zerkleinern.
2. Restliche Zutaten zugeben und **20 Sek./Stufe 4** vermengen.

*Pro Portion (30 g):*
*218 Kcal | 1 g KH*
*1 g EW | 24 g Fett*

# Parmesanbutter

## (12 Port.)

### Zutaten:

| | |
|---|---|
| 100 g | Parmesan |
| 1 kl. Stück | Ingwer (ca. haselnussgroß) |
| 1 | Knoblauchzehe |
| 250 g | weiche Butter, in Stücken |
| 1 | Bio-Limette (abgeriebene Schale davon) |
| etwas | Salz & Pfeffer |

### Zubereitung:

1. Parmesan, Ingwer und Knoblauch in den Mixtopf geben und **10 Sek./Stufe 6** zerkleinern.
2. Restliche Zutaten zugeben und **20 Sek./Stufe 4** vermengen.

*Pro Portion (30 g):*
*188 Kcal | 1 g KH*
*3 g EW | 20 g Fett*

# MARINADEN

## So gehts:

Bevor Sie bereits eingelegtes Fleisch
kaufen, sollten Sie sich zur Her-
stellung einer der anschließenden
Marinaden entschließen.
Sie wissen, was in der Marinade
enthalten ist und wie frisch Ihr
Fleisch ist!

Das Fleisch oder den Fisch vorher
mit kaltem Wasser abspülen und
trockentupfen.
Dann mit der jeweiligen Marinade
einstreichen oder einreiben und
bis zum Grillen im Kühlschrank
aufbewahren.

**Tipp**

Je länger Sie das Fleisch
marinieren, umso zarter
wird es.
Die angegebenen Marinier-
zeiten sind nur Richtwerte.

# Hähnchenmarinade Indian Style

## Zutaten:

| | |
|---|---|
| 150 g | Naturjoghurt |
| 20 g | Aprikosenkonfitüre |
| 30 g | Öl |
| ¼ TL | Chilipulver |
| ½ TL | Curry |
| 1 MSP | Kreuzkümmel |
| ½ TL | Garam Masala |
| ½ TL | Salz |
| 1 Msp. | Pfeffer |
| ½ Bd. | Schnittlauch, in Röllchen geschnitten |

**Marinierzeit:
3 Std.**

## Zubereitung:

1. Alle Zutaten in den Mixtopf
   geben und **20 Sek./Stufe 3-4**
   vermengen.

*Marinade Gesamt (210 g):
428 Kcal | 21 g KH
6 g EW | 36 g Fett*

*Marinade reicht für
2-3 Stücke Fleisch (o. Fisch).*

*Marinade reicht für
4 Stücke Fleisch.*

# Jalapenos – Marinade

# Oliven – Marinade

## Zutaten:

|       |                          |
|------:|--------------------------|
| 1     | Knoblauchzehe            |
| 1     | Jalapeno, entkernt       |
|       | (altern. 2 Chilischoten) |
| 60 g  | Ajvar                    |
| 40 g  | Öl                       |
| 1 EL  | Limettensaft             |
| ½ TL  | Paprikapulver, scharf    |
| ½ TL  | Salz                     |
| ½ TL  | Pfeffer                  |

## Zutaten:

|          |                   |
|---------:|-------------------|
| 6 Blätter| Basilikum         |
| 1        | Knoblauchzehe     |
| ½        | Zwiebel           |
| 8        | Oliven, ohne Stein|
| 15 g     | Parmesan          |
| 50 g     | Olivenöl          |
| 50 g     | Rotwein           |
| ½ TL     | Chilipulver       |
| 1 TL     | Fenchelsamen      |
| ½ TL     | Salz              |
| ¼ TL     | Pfeffer           |

**Marinierzeit:
1 - 2 Std.**

**Marinierzeit:
6 Std.**

## Zubereitung:

1. Knoblauch und Jalapeno
   in den Mixtopf geben und
   **10 Sek./Stufe 6** zerkleinern.
2. Restliche Zutaten zugeben
   und **10 Sek./Stufe 3-4**
   vermengen.

*Marinade Gesamt (119 g):
417 Kcal | 8 g KH
1 g EW | 43 g Fett*

## Zubereitung:

1. Basilikum, Knoblauch, Zwiebel,
   Oliven und Parmesan in den Mixtopf geben und **5 Sek./Stufe 6**
   zerkleinern.
2. Restliche Zutaten zugeben
   und **20 Sek./Stufe 8**
   pürieren.

*Marinade Gesamt (190 g):
612 Kcal | 7 g KH
7 g EW | 60 g Fett*

# Mango-Currysauce

ergibt 551 g
(18-19 Port.)

Zutaten:

| | |
|---|---|
| 1 | gelbe Peperoni, entkernt |
| 1 Dose | Mangos (Abtr.gew. 250 g) |
| ½ | Zwiebel |
| 200 g | Saure Sahne |
| 50 g | Mayonnaise |
| 1 geh. TL | Curry |
| ¼ TL | Paprikapulver, rosenscharf |
| etwas | Salz & Pfeffer |

Haltbarkeit:
Im Kühlschrank **1-2 Tage**.

*Pro Portion (30 g):*
*46 Kcal | 3 g KH | 1 g EW | 3 g Fett*

Zubereitung:

1. Peperoni im Mixtopf
   **5 Sek./Stufe 7** zerkleinern.
2. Mango und Zwiebel zugeben und **5 Sek./Stufe 5** klein hacken.
3. Restliche Zutaten zugeben, **20 Sek./Stufe 8** pürieren.

# Grillsauce American Style

ergibt 242 g
(8 Port.)

Zutaten:

| | |
|---|---|
| 1 | rote Peperoni |
| 3-4 | Chornichons |
| 2 | Stangen Sellerie, in Stücken |
| 70 g | Tomatenketchup |
| 10 g | Tomatenmark |
| 1 TL | Zitronensaft |
| 2-3 Spr. | Worcestersauce |
| 1-2 Spr. | Tabasco |
| etwas | Pfeffer, frisch gem. |

Haltbarkeit:
Im Kühlschrank 4-5 Tage.

*Pro Portion (30 g):*
*15 Kcal | 3 g KH | 1 g EW | 0 g Fett*

Zubereitung:

1. Peperoni, Chornichons, und Sellerie in den Mixtopf geben und **5 Sek./Stufe 6** zerkleinern. Restliche Zutaten hinzufügen und **20 Sek./Stufe 4** verrühren.

# Tzaziki mal anders

ergibt 266 g
(8-9 Port.)

**Zutaten:**

| | |
|---|---|
| ½ Bd. | Dill |
| 1 | Knoblauchzehe |
| 150 g | griechischen Joghurt |
| 75 g | Mayonnaise |
| ½ TL | Paprikapulver, scharf |
| 1 EL | Olivenöl |
| je 1 Prise | Curry, Salz & Pfeffer |
| 1 | Frühlingszwiebel, in Ringe geschnitten (20 g) |

**Haltbarkeit:**
Im Kühlschrank 2-3 Tage.

**Zubereitung:**

*Pro Portion (30 g):*
*95 Kcal | 1 g KH | 1 g EW | 10 g Fett*

1. Kräuter und Knoblauch in den Mixtopf geben und **6 Sek./Stufe 8** hacken. Mit dem Spatel vom Topfrand nach unten Richtung Messer schieben.
2. Restliche Zutaten zugeben und **15 Sek./Stufe 4** vermengen.

# Kräuter-Cocktailsauce

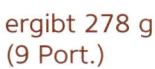

ergibt 278 g
(9 Port.)

**Zutaten:**

| | |
|---|---|
| 1 Handvoll | gem. Kräuter (z.B. Petersilie, Kresse) |
| 200 g | Crème fraîche |
| 40 g | Tomatenketchup |
| 1 EL | Weinbrand |
| 1 TL | Meerrettich (Glas) |
| 1 Msp. | Cayennepfeffer |
| etwas | Salz & Pfeffer |

**Haltbarkeit:**
Im Kühlschrank 2-3 Tage.

*Pro Portion (30 g):*
*90 Kcal | 2 g KH | 1 g EW | 9 g Fett*

**Zubereitung:**

1. Alle Zutaten in den Mixtopf geben und **20 Sek./Stufe 4** mischen. Sauce vor dem Servieren ca. 1-2 Std. in den Kühlschrank stellen, dann wird die Konsistenz etwas fester.

# Kräuter-Sourcreme

ergibt 224 g
(7-8 Port.)

## Zutaten:

| | |
|---|---|
| 1 Handvoll | gemischte Kräuter (z.B. Petersilie, Basilikum, Dill...) |
| 150 g | Creme fraiche |
| 50 g | Mayonnaise |
| ¼ TL | Salz |
| etwas | frisch gem. Pfeffer |
| 1 Msp. | Cayennepfeffer |

*Ideal zu Backofen- oder Grillkartoffeln! z.B. Seite 11*

Haltbarkeit:
Im Kühlschrank 2-3 Tage.

*Pro Portion (30 g):*
*108 Kcal | 1 g KH | 1 g EW | 11 g Fett*

## Zubereitung:

1. Kräuter in den Mixtopf geben und **10 Sek./Stufe 8** hacken. Mit dem Spatel vom Topfrand nach unten Richtung Messer schieben.
2. Restliche Zutaten zugeben und **10 Sek./Stufe 3-4** vermegen.

# Habaneros-Ketchup

ergibt 829 g (27 Port.)

Haltbarkeit: Vor dem ersten Öffnen 3-4 Monate.

## Zutaten:

| | |
|---|---|
| 3 | Knoblauchzehen |
| 1 | weiße Zwiebel, halbiert |
| 25 g | getr. Aprikosen |
| 1 | rote Habanero, entkernt |
| je ¼ TL | Zimt, Koriander & Pfeffer, gemahlen |
| ½ TL | Senfkörner |
| 60 g | Zucker |
| 60 g | Apfelessig |
| 1 | Dose geschälte Tomaten (800 g) |

*Pro Portion (30 g):*
*17 Kcal | 3 g KH | 1 g EW | 0 g Fett*

## Zubereitung:

1. Knoblauch, Zwiebel, Aprikosen und Habanero **5 Sek./Stufe 5** zerkleinern.
2. Restliche Zutaten zugeben und **40 Min./100°C/Stufe 1** kochen. Dabei den Messbecher nicht einsetzen, sondern das Garkörbchen oben auf das Deckelloch stellen. (Somit spritzt nichts heraus).
3. Das Ketchup sofort in heiß ausgespülte Schraubgläser füllen und verschließen. Nach dem ersten Öffnen im Kühlschrank innerhalb von 2-3 Wochen aufbrauchen.

# Scharfe Knoblauchsauce

ergibt 290 g
(9-10 Port.)

**Zutaten:**

| | |
|---|---|
| 1 Handvoll | gemischte Kräuter (z.B. Petersilie, Basilikum, Dill...) |
| 3-5 | Knoblauchzehen |
| 100 g | Mayonnaise |
| 150 g | Naturjoghurt, 3,5% (altern. Creme fraiche) |
| 1-2 TL | Sambal Oelek (je nach Schärfe) |

Haltbarkeit:
Im Kühlschrank 2-3 Tage.

**Zubereitung:**

*Pro Portion (30 g):*
*90 Kcal | 1 g KH | 1 g EW | 9 g Fett*

1. Kräuter und Knoblauch in den Mixtopf geben und **10 Sek./Stufe 8** hacken. Mit dem Spatel vom Topfrand nach unten Richtung Messer schieben.
2. Restliche Zutaten zugeben und **10 Sek./Stufe 3-4** vermengen.

# Knoblauch-Senf-Sauce

ergibt 225 g
(7-8 Port.)

**Zutaten:**

| | |
|---|---|
| 1 | Knoblauchzehe |
| 1 | gekochtes Eigelb |
| 150 g | Crème fraîche |
| 20 g | Salatmayonnaise |
| 2 TL | Senf |
| 2 EL | Tomatenketchup |
| etwas | Salz & Pfeffer |

Haltbarkeit:
Im Kühlschrank 1-2 Tage.

*Pro Portion (30 g):*
*102 Kcal | 2 g KH | 1 g EW | 10 g Fett*

**Zubereitung:**

1. Knoblauch im Mixtopf **5 Sek./Stufe 5** zerkleinern.
2. Restliche Zutaten zugeben und **20 Sek./Stufe 4** mischen.

# Sweet Currysauce

ergibt 854 g
(28-29 Port.)

**Zutaten:**

| | |
|---|---|
| je 1 Handvoll | Thymian & Petersilie |
| 100 g | Zwiebel |
| 100 g | Paprika |
| 100 g | Zucchini |
| 75 g | Papaya |
| 60 g | Apfel |
| 150 g | Orangensaft |
| 150 g | passierte Tomaten |
| 2 EL | Currypulver |
| 1 TL | Paprikapulver, rosenscharf |
| 1 TL | Salz |
| 50 g | Aprikosenkonfitüre |
| 10 g | Öl |
| 1 EL | Speisestärke |

**Zubereitung:**

1. Kräuter im Mixtopf **10 Sek./Stufe 8** hacken. Zwiebel, Paprika, Zucchini, Papaya und Apfel in Stücken zugeben. **5 Sek./Stufe 5** zerkleinern.
2. Restliche Zutaten zugeben und **20 Min./100°C/Stufe 2** einkochen.
3. Sauce sofort in heiß ausgespülte Flaschen oder Gläser füllen und luftdicht verschließen.

*Pro Portion (30 g):*
*18 Kcal | 3 g KH | 1 g EW | 1 g Fett*

# Cola-BBQ-Sauce

ergibt 1200 g
(40 Port.)

**Zutaten:**

| | |
|---|---|
| 1 | Zwiebel, halbiert |
| 3 | Knoblauchzehen |
| 400 g | passierte Tomaten |
| 100 g | Tomatenmark |
| 400 g | Cola |
| 10 g | Öl |
| 40 g | Himbeeressig |
| 50 g | Whisky |
| 50 g | Worcestersauce |
| 40 g | Honig |
| 1 -2 TL | Salz |
| 25 g | Zucker |
| 2-3 Spr. | Tabasco |
| evtl. | Chilipulver oder etwas Zitronensaft |

**Zubereitung:**

1. Zwiebel und Knoblauch **5 Sek./Stufe 5** zerkleinern.
2. Restliche Zutaten zugeben und **40 Min./100°C/Stufe 2** einkochen. Dabei den Messbecher nicht einsetzen, sondern das Garkörbchen oben auf das Deckelloch stellen. (Somit spritzt nichts heraus).
3. Sauce sofort in heiß ausgespülte Flaschen oder Gläser füllen und luftdicht verschließen.

*Pro Portion (30 g):*
*23 Kcal | 3 g KH | 1 g EW | 0 g Fett*

# Schneller Gartensalat

4 Port.

## Zutaten:

| | | | |
|---|---|---|---|
| 230 g | Radieschen, halbiert (kleine ganz lassen) | ½ TL | Salz |
| 200 g | Paprika, rot o. gelb | 1 Prise | Pfeffer |
| ½ | Salatgurke (ca. 130 g) | 1 Prise | Zucker |
| 1 TL | Senf, mittelscharf | 1 EL | Zitronensaft |
| 25 g | Balsamico bianco | 200 g | Cocktailtomaten |
| 15 g | Öl | 1 Bd. | Schnittlauch |

## Zubereitung:

1. Radieschen, Paprika und Gurke in Stücken in den Mixtopf geben.
2. Senf, Balsamico, Öl, Gewürze und Zitronensaft zugeben und **3-4 Sek./Stufe 5** zerkleinern.
3. Salat in eine Schale füllen. Cocktailtomaten halbieren und zugeben. Schnittlauch in Röllchen schneiden und über dem Salat verteilen.

*Pro Portion (208 g):*
*72 Kcal | 6 g KH | 2 g EW | 4 g Fett*

# INHALTSVERZEICHNIS